Impressum
Verlag: BABADADA GmbH, Nedderfeld 112 , 22529 Hamburg
Geschäftsführer / Verlagsleitung: Harald Hof
Druck: Books on Demand GmbH, In de Tarpen 42, 22848 Norderstedt

Imprint
Publisher: BABADADA GmbH, Nedderfeld 112 , 22529 Hamburg, Germany
Managing Director / Publishing direction: Harald Hof
Print: Books on Demand GmbH, In de Tarpen 42, 22848 Norderstedt

paaralan

el colegio

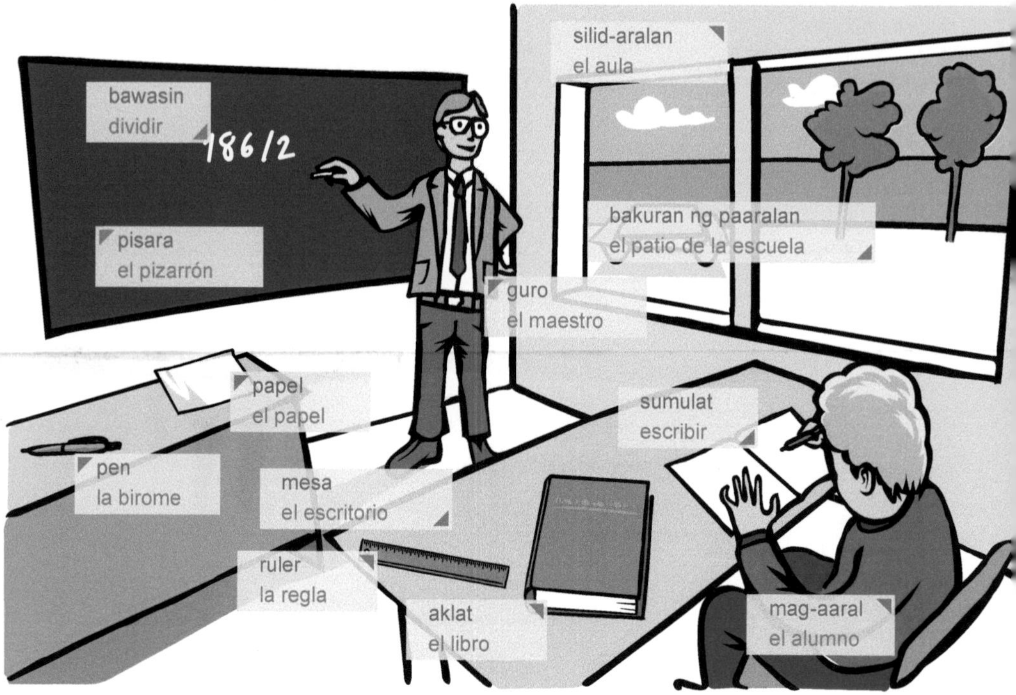
silid-aralan
el aula
bawasin
dividir
186/2
bakuran ng paaralan
el patio de la escuela
pisara
el pizarrón
guro
el maestro
papel
el papel
sumulat
escribir
pen
la birome
mesa
el escritorio
ruler
la regla
aklat
el libro
mag-aaral
el alumno

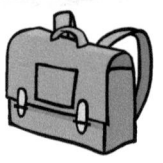

satchel

la mochila

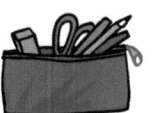

lalagyan ng lapis

la caja de lápices

lapis

el lápiz

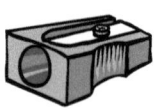

pantasa

el sacapuntas

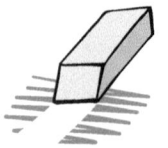

goma

la goma (de borrar)

drowing pad

el bloc de dibujo

drowing
el dibujo

pinsel na pampinta
el pincel

kahon ng pinta
la caja de pinturas

gunting
la tijera

pandikit
el pegamento

aklat para sa pagsasanay
el cuaderno de ejercicios

takdang-aralin
la tarea

12

numero
el número

2+2

dagdagan
sumar

5-2

bawasin
restar

2×2

paramihin
multiplicar

kalkulahin
calcular

A

liham
la letra

ABCDEFG HIJKLMN OPQRSTU VWXYZ

alpabeto
el abecedario

salita
la palabra

teksto

el texto

basahin

leer

yeso

la tiza

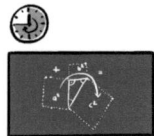

leksyon

la lección

rehistro

el cuaderno de clase

eksaminasyon

el examen

sertipiko

el certificado

uniporme sa paaralan

el uniforme escolar

edukasyon

la educación

encyclopedia

la enciclopedia

unibersidad

la universidad

mikroskopyo

el microscopio

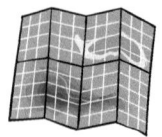

mapa

el mapa

basurahan ng papel

el tacho (de basura)

paglalakbay
el viaje

hotel
el hotel
Grand
hostel
el hostel
ROOMS
tanggapan ng palitan ng pera
a casa de cambio
maleta
la valija
kotse
el auto

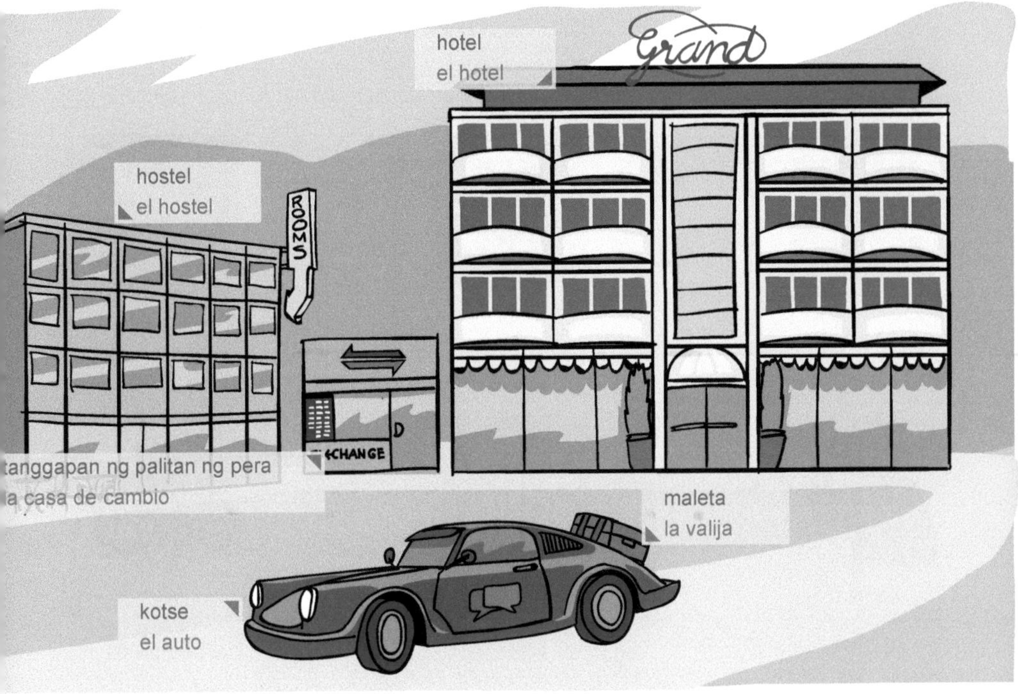

wika
....
el idioma

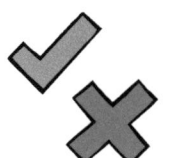

oo / hindi
....
sí / no

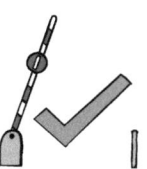

Okey
....
Está bien

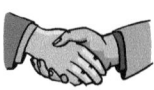

kumusta
....
hola

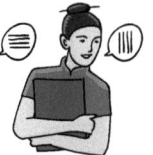

tagapagsalin
....
el traductor

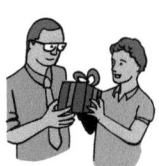

Salamat
....
Gracias

magkano ang...?

¿cuánto cuesta...?

Hindi ko maintindihan

No entiendo

problema

el problema

Magandang gabi!

¡Buenas tardes!

Magandang umaga!

¡Buenos días!

Magandang gabi!

¡Buenas noches!

paalam

el adiós

direksyon

la dirección

bahage

el equipaje

bag

el bolso

napsak

la mochila

panauhin

el invitado

silid

la habitación

sakong tulugan

la bolsa de dormir

tolda

la carpa

impormasyon ng turista

la información turística

dalampasigan

la playa

credit card

la tarjeta de crédito

almusal

el desayuno

tanghalian

el almuerzo

hapunan

la cena

tiket

el pasaje

elebeytor

el ascensor

selyo

el sello

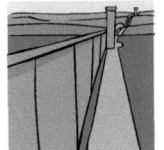

hangganan

la frontera

adwana

la aduana

embahada

la embajada

visa

la visa

pasaporte

el pasaporte

transportasyon
el transporte

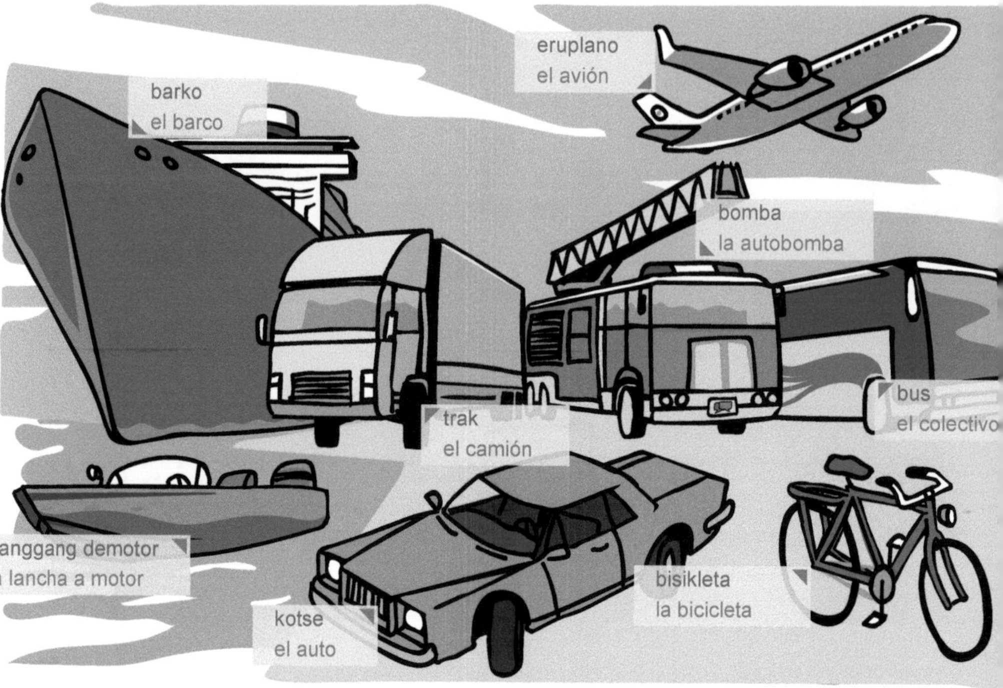

barko
el barco
eruplano
el avión
bomba
la autobomba
trak
el camión
bus
el colectivo
banggang demotor
la lancha a motor
kotse
el auto
bisikleta
la bicicleta

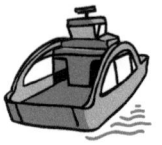

lantsang pantawid

el ferry

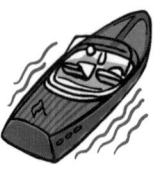

bangka

el bote

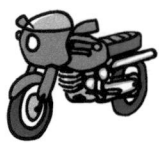

motorsiklo

la moto

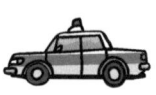

sasakyan ng pulis

el patrullero

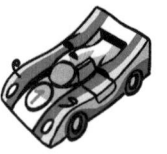

kotseng pangkarera

el auto de carreras

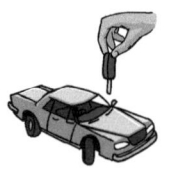

nirerentahang kotse

el auto de alquiler

car sharing

el alquiler de autos

trak na panghila

la grúa

trak na pantapon ng basura

el camión de la basura

motor

el motor

panggatong

la nafta

gasolinahan

la estación de servicio

karatula ng trapiko

la señal de tránsito

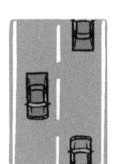

trapiko

el tránsito

masikip na trapiko

el embotellamiento

paradahan ng kotse

el estacionamiento

estasyon ng tren

la estación de tren

riles

las vías

tren

el tren

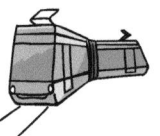

trambya

el tranvía

wagon

el vagón

helikopter
el helicóptero

paliparan
el aeropuerto

tore
la torre

pasahero
el pasajero

sisidlan
el contenedor

karton
la caja de cartón

kariton
la carretilla

basket
la canasta

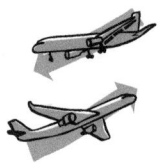

umalis / lumapag
despegar / aterrizar

lungsod
la ciudad

nayon
el pueblo

sentro ng lungsod
el centro de la ciudad

bahay
la casa

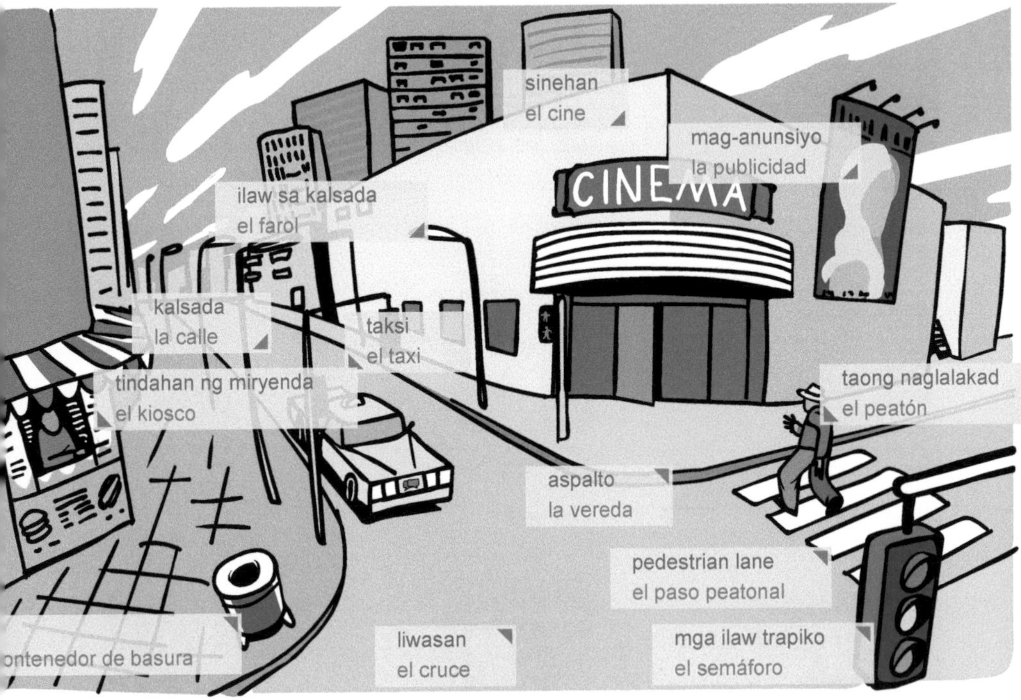

sinehan
el cine

mag-anunsiyo
la publicidad

ilaw sa kalsada
el farol

CINEMA

kalsada
la calle

taksi
el taxi

tindahan ng miryenda
el kiosco

taong naglalakad
el peatón

aspalto
la vereda

pedestrian lane
el paso peatonal

ontenedor de basura

liwasan
el cruce

mga ilaw trapiko
el semáforo

kubo

la cabaña

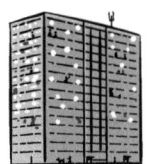

patag

el departamento

estasyon ng tren

la estación de tren

munisipyo

la municipalidad

museo

el museo

paaralan

el colegio

unibersidad

la universidad

bangko

el banco

ospital

el hospital

hotel

el hotel

parmasya

la farmacia

opisina

la oficina

tindahan ng aklat

la librería

tindahan

el negocio

tindahan ng bulaklak

la florería

supermarket

el supermercado

palengke

el mercado

department store

las grandes tiendas

tindahan ng isda

la pescadería

sentrong pamilihan

el centro comercial

daungan

el puerto

parke

el parque

bangko

el banco

tulay

el puente

hagdan

las escaleras

underground

el subte

tunel

el túnel

hintuan ng bus

la parada del colectivo

bar

el bar

restawran

el restaurante

kahon ng koreo

el buzón

karatula sa kalsada

el letrero

metro ng paradahan

el parquímetro

zoo

el zoológico

swimming pool

la pileta

moske

la mezquita

bukid
la granja

polusyon
la contaminación

libingan
el cementerio

simbahan
la iglesia

palaruan
los juegos infantiles

templo
el templo

tanawin
el paisaje

dahon
la hoja

posteng pananda
el poste indicador

daan
el camino

parang
la pradera

bato
la piedra

hiker
el excursionista

kahoy
el árbol

ilog
el río

damo
la hierba

bulaklak
la flor

lambak
el valle

burol
la montaña

look
el lago

kagubatan
el bosque

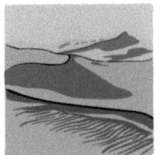

disyerto
el desierto

bulkan
el volcán

kastilyo
el castillo

bahaghari
el arco iris

kabute
el champiñón

palmera
la palmera

lamok
el mosquito

langaw
la mosca

langgam
la hormiga

bubuyog
la abeja

gagamba
la araña

tanawin - el paisaje

salagubang

el escarabajo

palaka

la rana

ardilya

la ardilla

parkupino

el erizo

liyebre

la liebre

kuwago

la lechuza

ibon

el pájaro

sisne

el cisne

bulugan

el jabalí

usa

el ciervo

moose

el alce

dam

la presa

turbina ng hangin

el aerogenerador

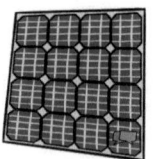

solar panel

el panel solar

klima

el clima

restawran
el restaurante

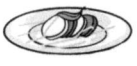

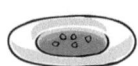

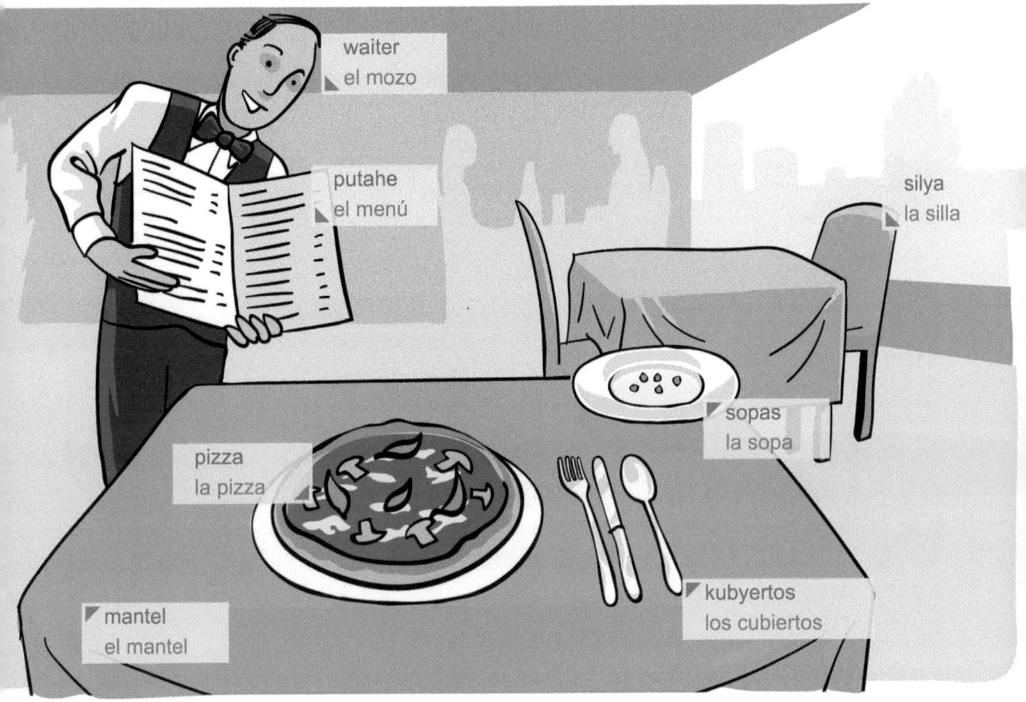
waiter
el mozo
putahe
el menú
silya
la silla
sopas
la sopa
pizza
la pizza
kubyertos
los cubiertos
mantel
el mantel

panimula

la entrada

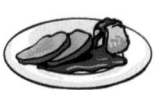

pangunahing pagkain

el plato principal

panghimagas

el postre

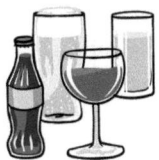

inumin

las bebidas

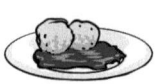

pagkain

la comida

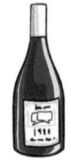

bote

la botella

fastfood

la comida rápida

pagkaing kalye

la comida callejera

tsarera

la tetera

panutsa

la azucarera

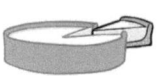

bahagi

la porción

espresso machine

la cafetera expreso

mataas na upuan

la sillita alta

bayarin

la cuenta

bandehado

la bandeja

kutsilyo

el cuchillo

tinidor

el tenedor

kutsara

la cuchara

kutsarita

la cucharita

serviette

la servilleta

baso

el vaso

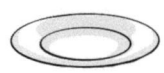

pinggan
el plato

platong pansopas
el plato hondo

platito
el plato

sawsawan
la salsa

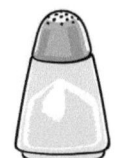

pangkalog ng asin
el salero

panggiling ng paminta
el molinillo de pimienta

suka
el vinagre

langis
el aceite

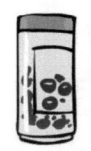

pampalasa
las especias

ketsup
el kétchup

mustasa
la mostaza

mayonnaise
la mayonesa

supermarket

el supermercado

espesyal na alok
la oferta especial
FOR
kustomer
el cliente
produktong mantikilya
los lácteos
prutas
la fruta
troli
el changuito

BUTCHERS

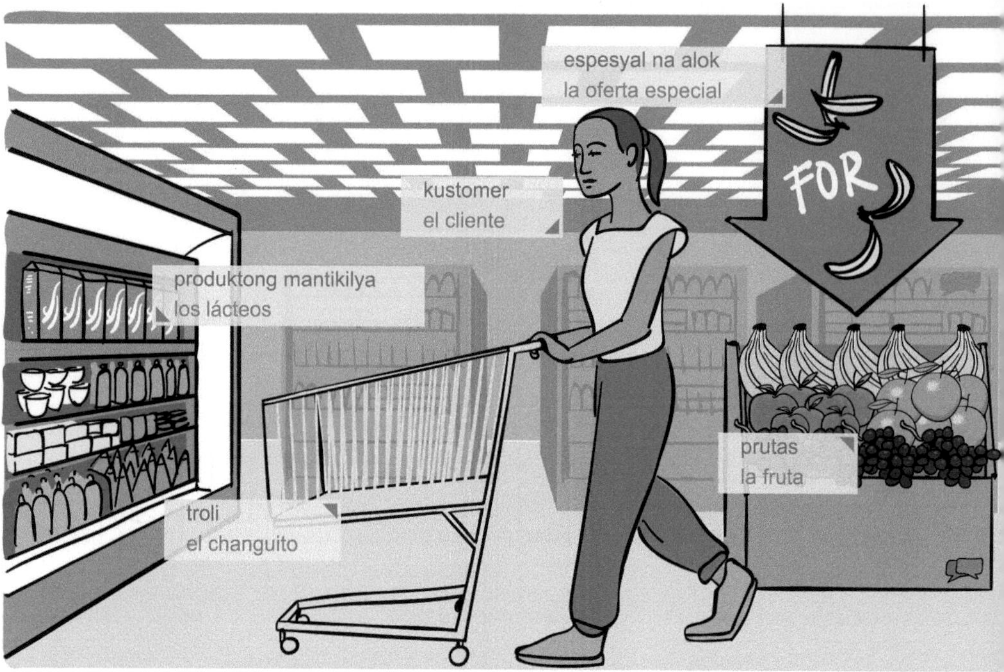

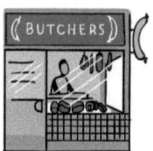

butser

la carnicería

BAKERY

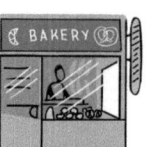

panaderya

la panadería

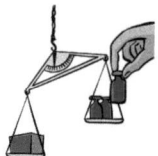

timbang

pesar

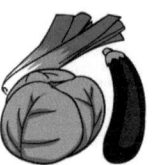

mga gulay

las verduras

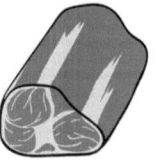

karne

la carne

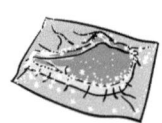

pinalamig na pagkain

los alimentos congelados

malamig na karne

los fiambres

delatang pagkain

los alimentos enlatados

pulbos na panlaba

el detergente en polvo

matatamis

las golosinas

mga produktong pambahay

los electrodomésticos

mga produktong panlinis

los productos de limpieza

tindera

la vendedora

cash register

la caja

kahera

el cajero

listahan ng pinamili

la lista de compras

oras ng pagbubukas

el horario de atención

pitaka

la billetera

credit card

la tarjeta de crédito

bag

la cartera

plastik bag

la bolsa de plástico

tubig

el agua

juice

el jugo

gatas

la leche

coke

la bebida cola

alak

el vino

serbesa

la cerveza

alak

el alcohol

kakaw

el cacao

tsaa

el té

kape

el café

espresso

el café expreso

cappuccino

el cappuccino

saging
la banana

mansanas
la manzana

kahel
la naranja

melon
el melón

limon
el limón

carrot
la zanahoria

bawang
el ajo

kawayan
el bambú

sibuyas
la cebolla

kabute
el champiñón

mani
las nueces

noodles
los fideos

spaghetti

los tallarines

bigas

el arroz

ensalada

la ensalada

chips

las papas fritas

pritong patatas

las papas fritas

pizza

la pizza

hamburger

la hamburguesa

sandwich

el sándwich

piraso ng karneng walang buto

el churrasco

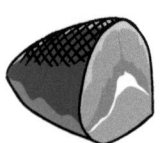

hamon

el jamón

salami

el salame

tsoriso

la salchicha

manok

el pollo

inihaw

el asado

isda

el pescado

mga porridge oat

los copos de avena

muesli

el muesli

cornflakes

los copos de maíz

harina

la harina

croissant

la medialuna

rolyong tinapay

el pancito

tinapay

el pan

tostado

la tostada

biskuwit

las galletitas

mantikilya

la manteca

keso

la cuajada

keyk

la torta

itlog

el huevo

pritong itlog

el huevo frito

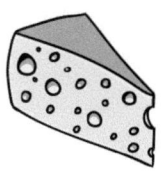

keso

el queso

sorbetes

el helado

jam

la mermelada

asukal

el azúcar

tsokolateng pinapahid

la pasta de chocolate

pulot

la miel

curry

el curry

bukid
la granja

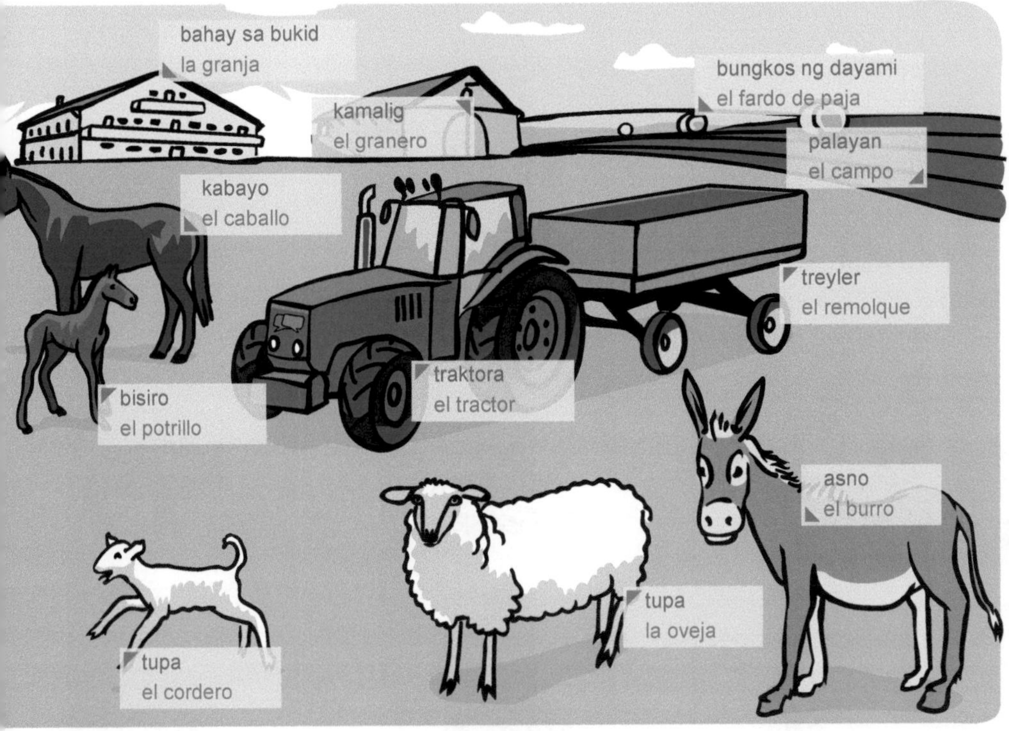
bahay sa bukid
la granja
kamalig
el granero
bungkos ng dayami
el fardo de paja
palayan
el campo
kabayo
el caballo
treyler
el remolque
traktora
el tractor
bisiro
el potrillo
asno
el burro
tupa
la oveja
tupa
el cordero

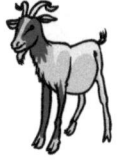

kambing

la cabra

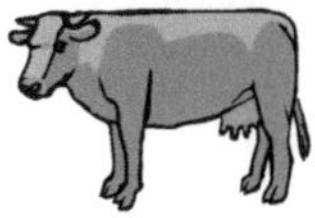

baka

la vaca

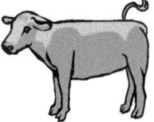

guya

el ternero

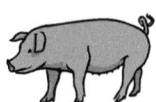

baboy

el cerdo

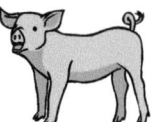

biik

el lechón

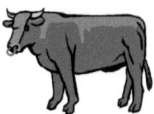

toro

el toro

gansa
el ganso

pato
el pato

sisiw
el pollo

inahin
la gallina

katyaw
el gallo

daga
la rata

pusa
el gato

daga
el ratón

kapong baka
el buey

aso
el perro

bahay ng aso
la cucha

hose sa hardin
la manguera

latang pandilig
la regadera

haras
la guadaña

araro
el arado

karit

la hoz

asarol

la azada

tuhugin

la horquilla

palakol

el hacha

karitela

la carretilla

sabsaban

el abrevadero

lata ng gatas

la lechera

sako

la bolsa

bakod

la reja

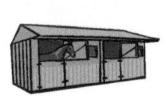

kuwadra

el establo

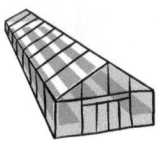

punlaan

el invernadero

lupa

el suelo

buto

la semilla

pataba

el fertilizador

combine harvester

la cosechadora

mag-ani
cosechar

ani
la cosecha

yams
las batatas

trigo
el trigo

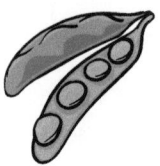

soya
la soja

patatas
la papa

mais
el maíz

rapeseed
la semilla de colza

kahoy na namumunga
el árbol frutal

kamoteng kahoy
la mandioca

siryal
los cereales

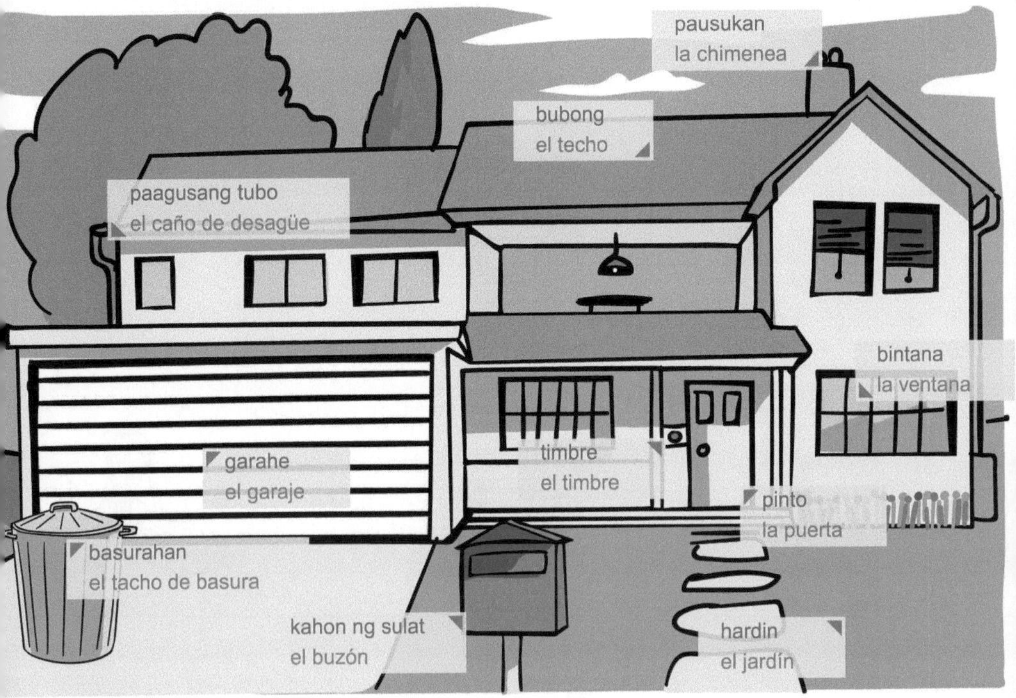

pausukan
la chimenea

bubong
el techo

paagusang tubo
el caño de desagüe

garahe
el garaje

timbre
el timbre

bintana
la ventana

pinto
la puerta

basurahan
el tacho de basura

kahon ng sulat
el buzón

hardin
el jardín

salas

el living

palikuran

el baño

kusina

la cocina

silid-tulugan

el dormitorio

silid ng bata

el cuarto de los chicos

hapag-kainan

el comedor

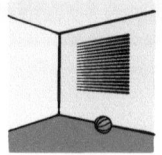

sahig

el piso

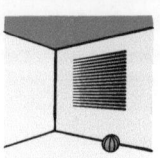

pader

la pared

kisame

el cielorraso

bodega ng alak

el sótano

sauna

el sauna

balkonahe

el balcón

terasa

la terraza

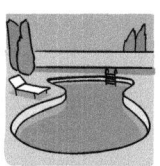

pool

la pileta

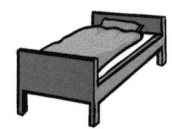

pamputol ng damo

la cortadora de pasto

piraso ng papel

la sábana

kobrekama

el acolchado

higaan

la cama

walis

la escoba

timba

el balde

pindutan

el interruptor

salas
el living

wallpaper
el empapelado
litrato
la imagen
ilaw
la lámpara
estante
el estante
kabinet
el armario
telebisyon
la televisión
pugon
la chimenea
bulaklak
la flor
unan
el almohadón
sopa
el sofá
plorera
el florero
remote control
el control remoto

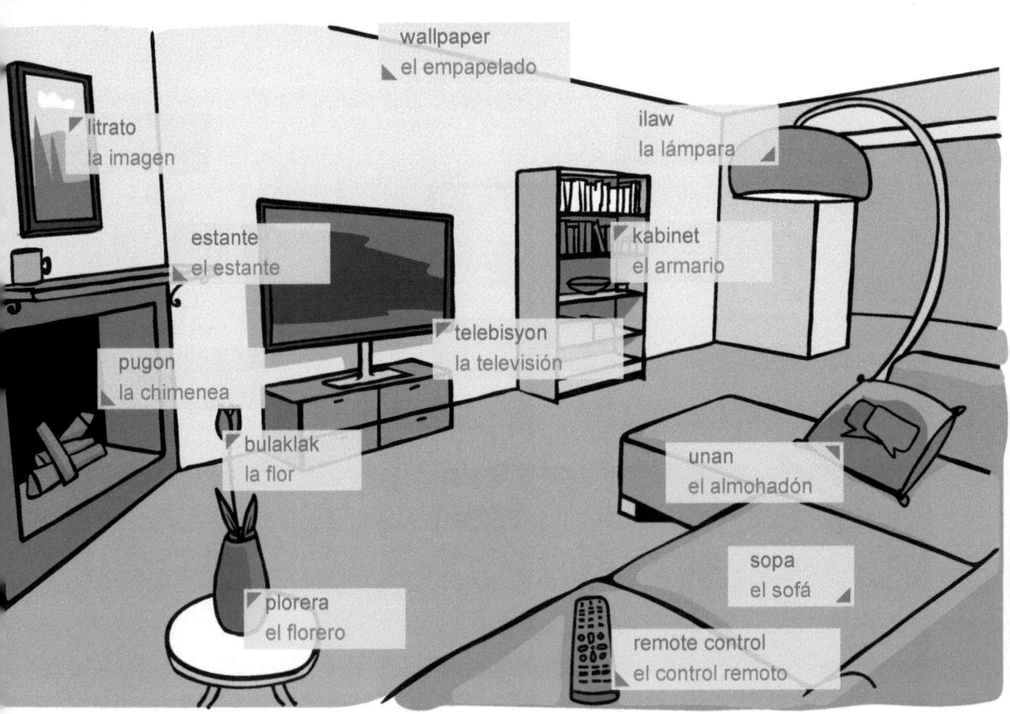

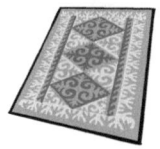

karpet

la alfombra

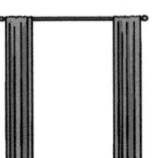

kurtina

la cortina

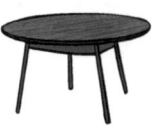

mesa

la mesa

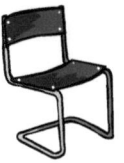

silya

la silla

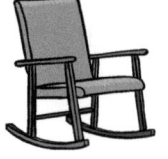

tumba-tumba

la mecedora

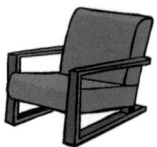

sandalan

el sillón

aklat

el libro

kumot

la frazada

dekorasyon

la decoración

kahoy na panggatong

la leña

pelikula

la película

hi-fi

el equipo de música

susi

la llave

dyaryo

el diario

pinta

la pintura

poster

el póster

radyo

la radio

kuwaderno

el cuaderno

vacuum cleaner

la aspiradora

kaktus

el cactus

kandila

la vela

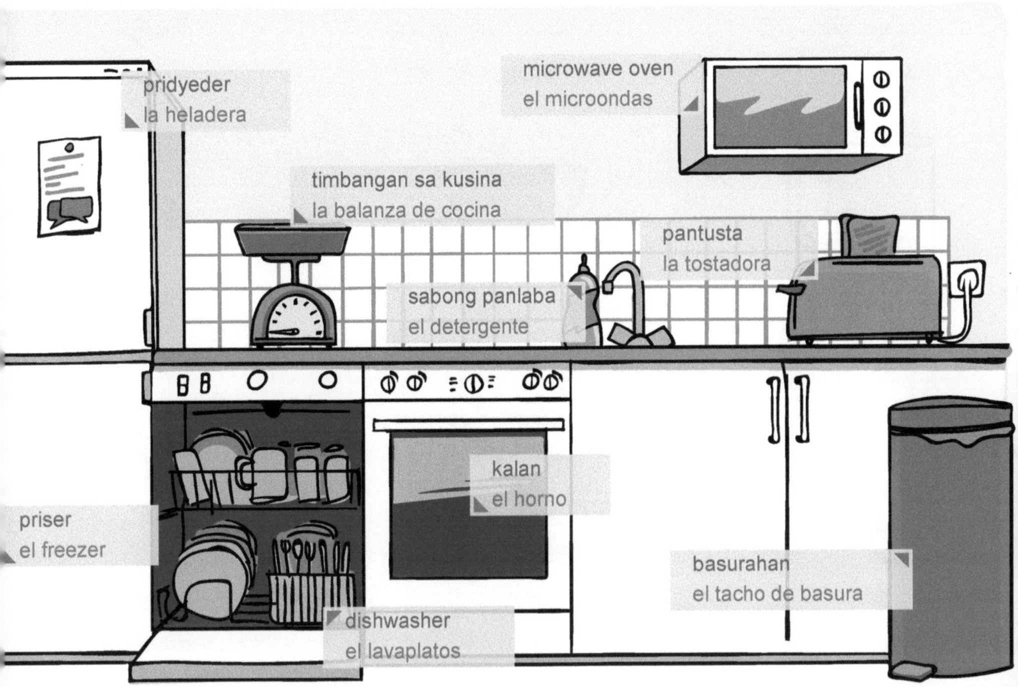

pridyeder
la heladera

microwave oven
el microondas

timbangan sa kusina
la balanza de cocina

pantusta
la tostadora

sabong panlaba
el detergente

kalan
el horno

priser
el freezer

basurahan
el tacho de basura

dishwasher
el lavaplatos

lutuan

la cocina

kaldero

la olla

kalderong bakal

la olla de hierro fundido

wok / kadai

el wok

kawali

la sartén

takore

la pava

pasingawan

la vaporera

bandehado sa paghuhurno

la bandeja de horno

babasagin

la vajilla

mug

la taza

mangkok

el bol

sipit ng intsik

los palitos

sandok

el cucharón

spatula

la espátula

pampalis

la batidora

pansala

el colador

salaan

el colador

pangkayod

el rallador

almires

el mortero

barbikyo

la parrilla

siga

la fogata

tadtaran

la tabla de picar

rodilyo

el palo de amasar

tribuson

el sacacorchos

lata

la lata

pambukas ng lata

el abrelatas

panghawak ng kaldero

la manopla

lababo

la pileta

bras

el cepillo

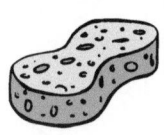

espongha

la esponja

blender

la batidora

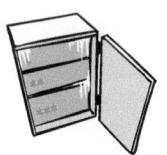

malalim na freezer

el congelador

bote ng sanggol

la mamadera

gripo

la canilla

kusina - la cocina

palikuran

el baño

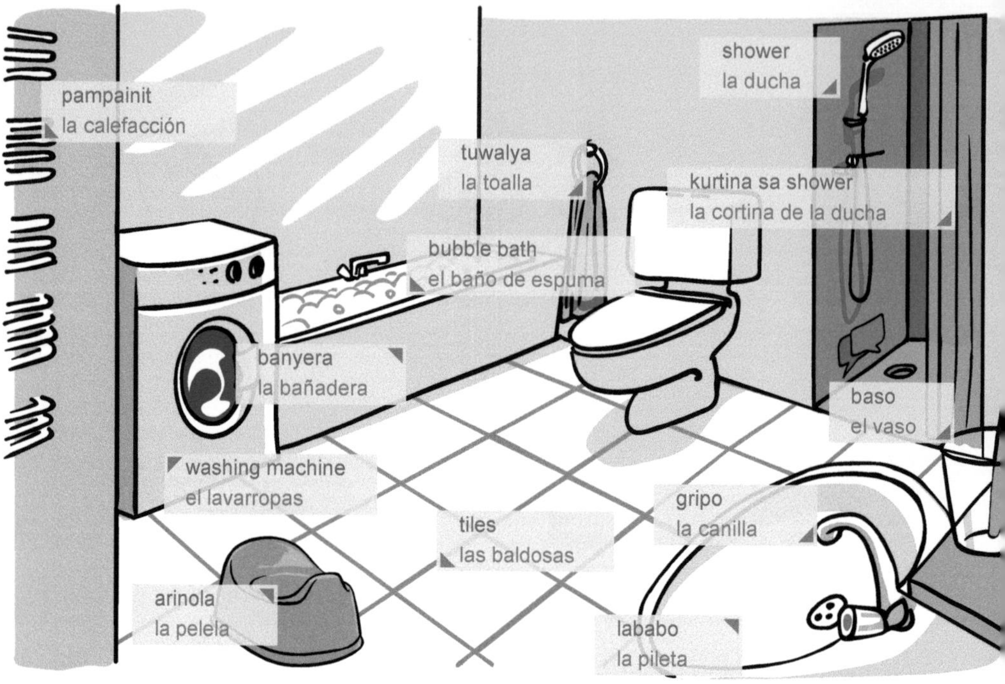

pampainit
la calefacción
tuwalya
la toalla
shower
la ducha
kurtina sa shower
la cortina de la ducha
bubble bath
el baño de espuma
banyera
la bañadera
baso
el vaso
washing machine
el lavarropas
gripo
la canilla
tiles
las baldosas
arinola
la pelela
lababo
la pileta

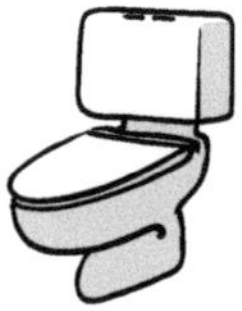

banyo

el inodoro

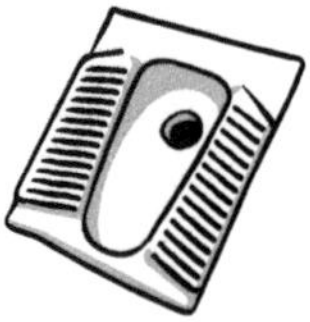

squat toilet

la letrina

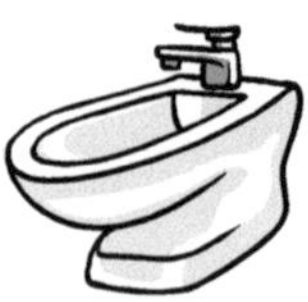

bidet

el bidé

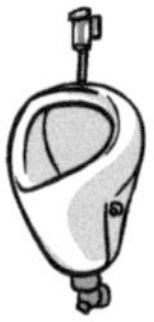

ihian

el mingitorio

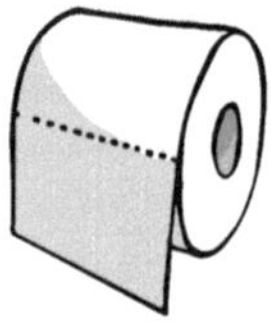

toilet paper

el papel higiénico

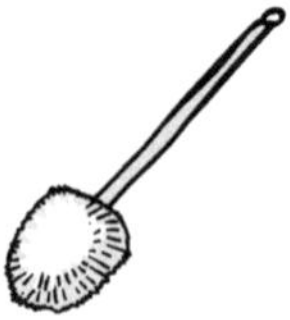

iskoba sa banyo

el cepillo para el inodoro

sipilyo
el cepillo de dientes

tutpeyst
el dentífrico

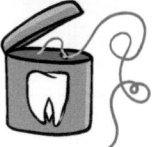

dental floss
el hilo dental

hugasan
lavar

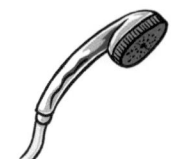

shower na hinahawakan
la ducha de mano

dutsa
la ducha higiénica

palanggana
la palangana

bras panlikod
el cepillo para la espalda

sabon
el jabón

shower gel
el gel de ducha

shampoo
el shampoo

pranela
la toallita

paagusan
el desagüe

krema
la crema

deodorant
el desodorante

salamin
el espejo

salaming hinahawakan
el espejito

pang-ahit
la maquinita de afeitar

bulang pang-ahit
la espuma de afeitar

aftershave
el aftershave

suklay
el peine

brush
el cepillo

pantuyo ng buhok
el secador de pelo

sprey sa buhok
el spray

makeup
el maquillaje

lipistik
el lápiz de labios

pampakintab ng kuko
el esmalte para uñas

bulak na lana
el algodón

panggupit ng kuko
la tijera para uñas

pabango
el perfume

washbag

el portacosméticos

stool

la banqueta

timbangan

la balanza

bata

la bata

gomang guwantes

los guantes de goma

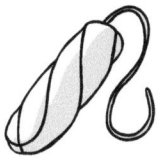

tampon

el tampón

malinis na tuwalya

la toallita femenina

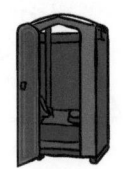

chemical toilet

el baño químico

silid ng bata

el cuarto de los chicos

alarm clock
el despertador
nayayakap na laruan
el peluche
laruang kotse
el coche de juguete
kuliling
el sonajero
bahay ng manika
la casa de muñecas
regalo
el regalo

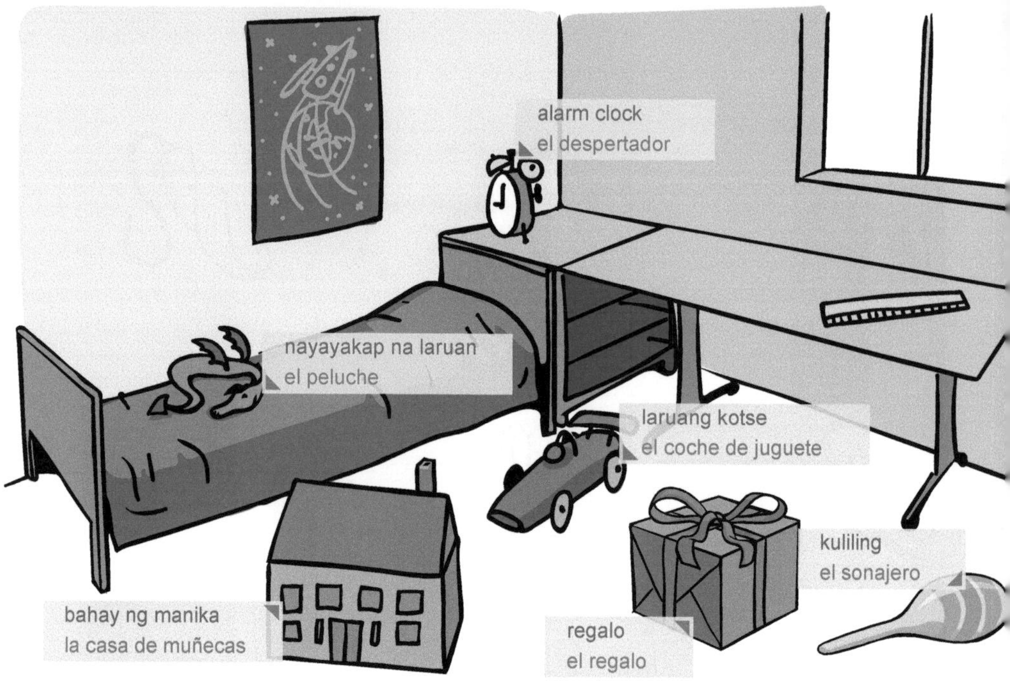

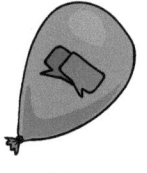

lobo

el globo

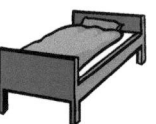

higaan

la cama

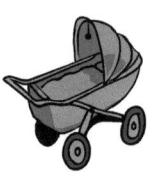

pram

el cochecito

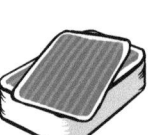

hanay ng mga baraha

las cartas

jigsaw

el rompecabezas

SUPER
MEGA

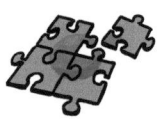

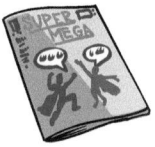

komiks

la historieta

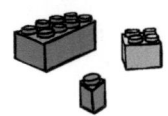

lego bricks

las piezas de lego

blokeng laruan

los ladrillos de juguete

action figure

la figura de acción

paglaki ng sanggol

el enterito (de bebé)

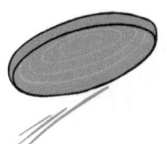

frisbee

el frisbee

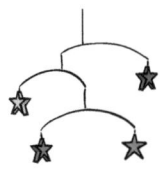

mobile

el móvil para bebés

board game

el juego de mesa

dice

los dados

model train set

el tren eléctrico

manikin

el chupete

salu-salo

la fiesta

aklat ng mga litrato

el libro de cuentos ilustrado

bola

la pelota

manika

la muñeca

maglaro

jugar

tibagan ng buhangin

el arenero

duyan

la hamaca

mga laruan

los juguetes

video game console

la consola de videojuegos

traysikel

el triciclo

teddy bear

el osito de peluche

aparador

el armario

pananamit

la ropa

medyas

las medias

stockings

las medias panty

pampitis

las calzas

bandana
la bufanda

payong
el paraguas

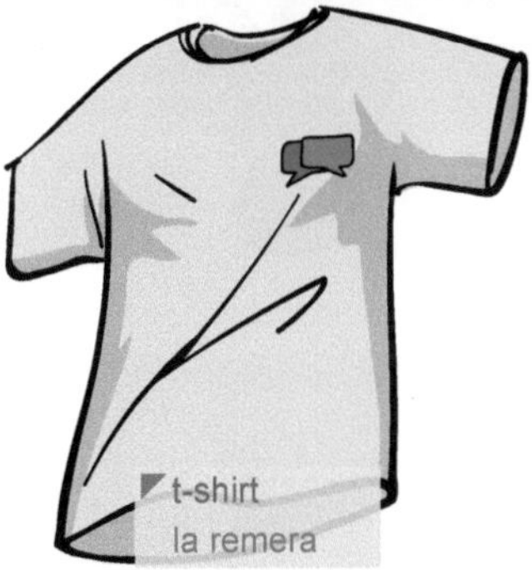

t-shirt
la remera

sinturon
el cinturón

bota
las botas

tsinelas
las pantuflas

sneakers
las zapatillas

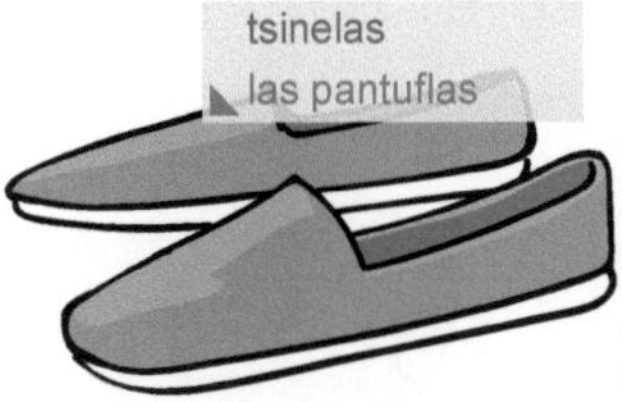

sandalyas

las sandalias

sapatos

los zapatos

botang degoma

las botas de goma

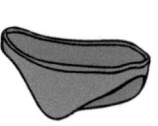

salawal

la ropa interior

bra

el corpiño

tsaleko

el chaleco

katawan
el body

pantalon
los pantalones

jeans
los jeans

palda
la pollera

blusa
la blusa

kamiseta
la camisa

pullover
el pulóver

panlamig
el buzo

blazer
el blazer

diyaket
la campera

kapa
el tapado

kapote
el piloto

kasuotan
el traje

bistida
el vestido

damit pangkasal
el vestido de novia

terno

el traje

damit pantulog

el camisón

padyama

el pijama

sari

el sari

bandana sa ulo

el pañuelo para la cabeza

turban

el turbante

burka

la burka

kaftan

el caftán

abaya

la abaya

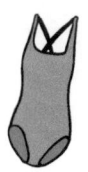

panlangoy

el traje de baño

trunks

el short de baño

salawal

los shorts

tracksuit

el jogging

apron

el delantal

guwantes

los guantes

butones

el botón

salamin

los anteojos

pulseras

la pulsera

kuwintas

el collar

singsing

el anillo

hikaw

el aro

takip

la gorra

sabitan ng kapa

la percha

sombrero

el sombrero

kurbata

la corbata

siper

el cierre

helmet

el casco

tirante

los tiradores

uniporme sa paaralan

el uniforme escolar

uniporme

el uniforme

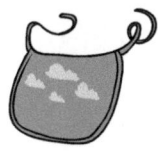

bibero

el babero

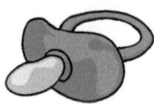

manikin

el chupete

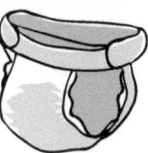

lampin

el pañal

opisina
la oficina

server
el servidor
kabinet ng file
el archivero
printer
la impresora
papel
el papel
monitor
el monitor
mouse
el mouse
mesa
el escritorio
polder
la carpeta
keyboard
el teclado
upuan
la silla
basurahan ng papel
el tacho (de basura)
kompyuter
la computadora

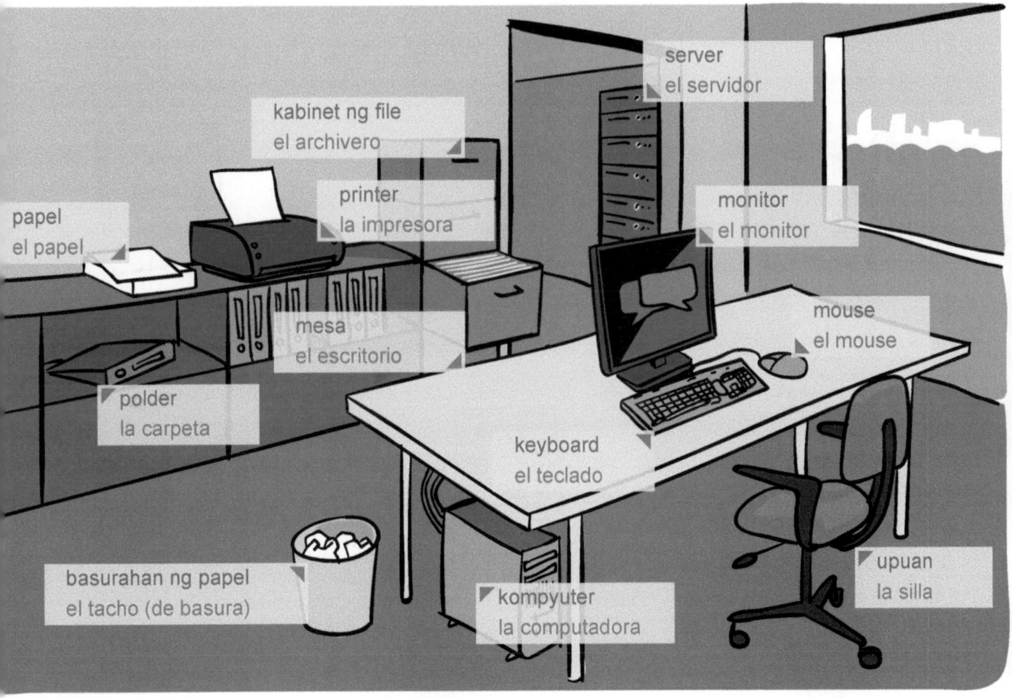

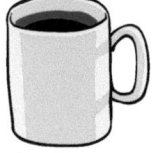

tasa ng kape

la taza de café

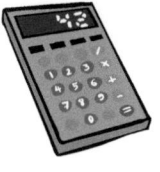

calculator

la calculadora

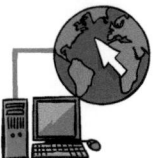

internet

el internet

laptop

la laptop

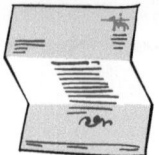

sulat

la carta

mensahe

el mensaje

mobile

el celular

network

la red

photocopier

la fotocopiadora

software

el software

telepono

el teléfono

saksakan

el tomacorriente

fax machine

el fax

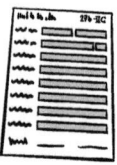

anyo

el formulario

dokumento

el documento

bumili

comprar

magbayad

pagar

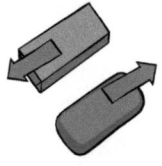

ikalakal

hacer negocios

pera

el dinero

dolyar

el dólar

euro

el euro

yen

el yen

rublo

el rublo

swiss franc

el franco suizo

renminbi yuan

el yuan

rupee

la rupia

cash point

el cajero automático

tanggapan ng palitan ng pera
la casa de cambio

ginto
el oro

tanso
la plata

langis
el petróleo

enerhiya
la energía

presyo
el precio

kontrata
el contrato

buwis
el impuesto

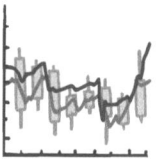

stock
la acción

trabaho
trabajar

empleyado
el empleado

taga-empleyo
el empleador

pabrika
la fábrica

tindahan
el negocio

ekonomiya - la economía

mga trabaho
las ocupaciones

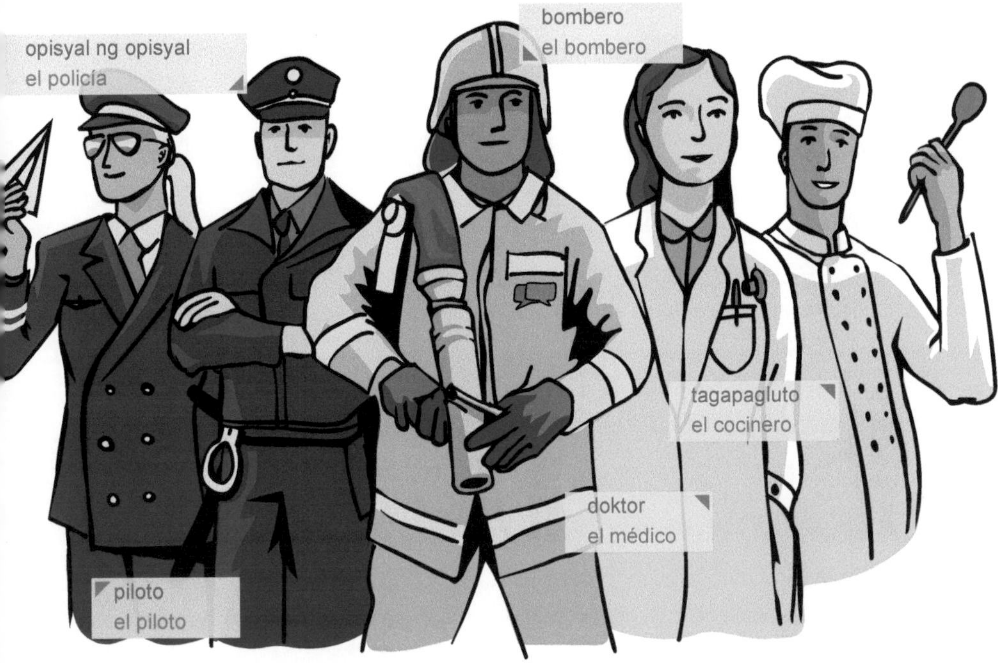

opisyal ng opisyal
el policía
bombero
el bombero
tagapagluto
el cocinero
doktor
el médico
piloto
el piloto

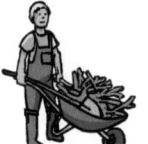

hardinero

el jardinero

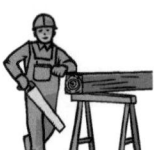

karpentero

el carpintero

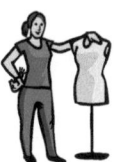

mananahi

la modista

hukom

el juez

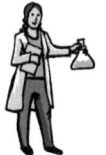

kemiko

el farmacéutico

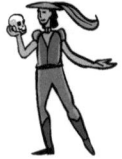

aktor

el actor

tsuper ng bus

el colectivero

tsuper ng taxi

el taxista

mangingisda

el pescador

tagapaglinis

la mucama

tagapagkabit ng bubong

el techista

waiter

el mozo

mangangaso

el cazador

pintor

el pintor

panadero

el panadero

elektrisyan

el electricista

tagapagtayo

el albañil

inhinyero

el ingeniero

magkakarne

el carnicero

tubero

el plomero

kartero

el cartero

sundalo

el soldado

arkitekto

el arquitecto

kahera

el cajero

magtitinda ng bulaklak

el florista

manggugupit

el peluquero

konduktor

el cobrador

mekaniko

el mecánico

kapitan

el capitán

dentista

el dentista

siyentipiko

el científico

rabbi

el rabino

imam

el imán

monghe

el monje

klero

el sacerdote

mga kagamitan
las herramientas

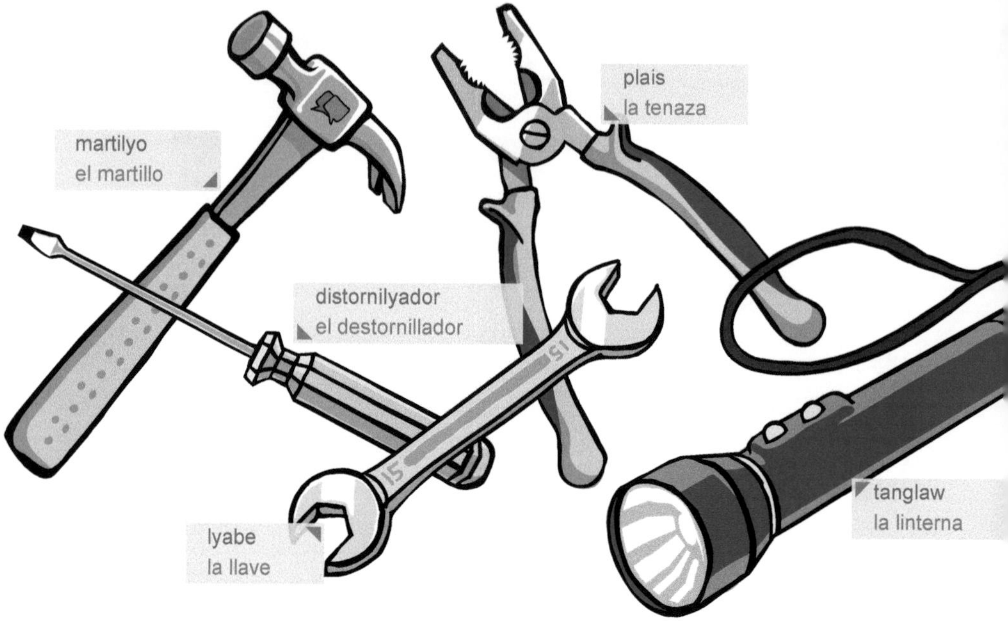

martilyo
el martillo

plais
la tenaza

distornilyador
el destornillador

lyabe
la llave

tanglaw
la linterna

panghukay

la excavadora

toolbox

la caja de herramientas

hagdan

la escalera portátil

lagari

la sierra

mga pako

los clavos

pambutas

el taladro

kumpunihin

arreglar

pala

la pala de jardín

Kainis!

¡Qué bronca!

pandakot

la pala de plástico

palayok ng pintura

el tacho de pintura

mga tornilyo

los tornillos

mga pangmusikang instrumento
los instrumentos musicales

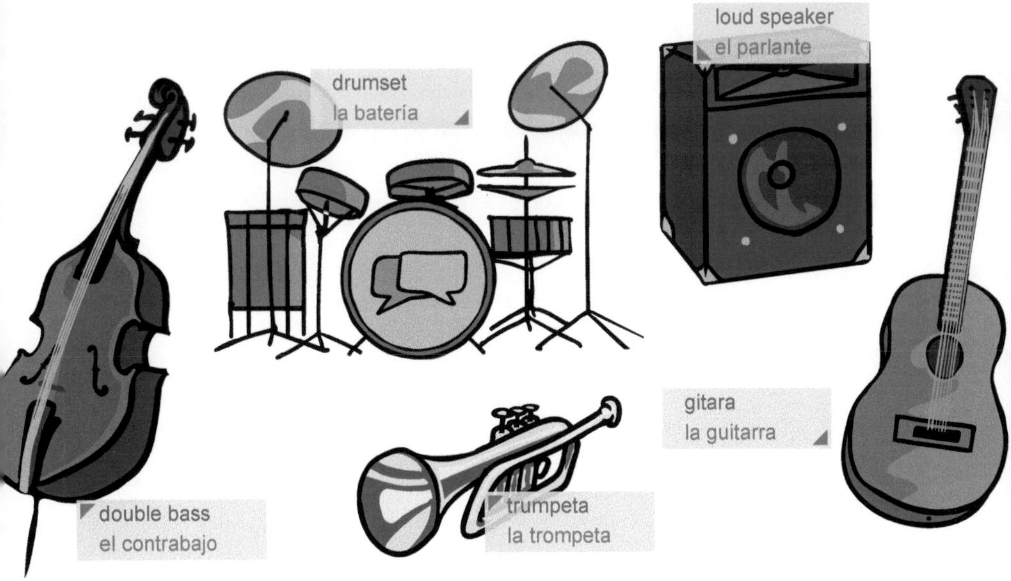

drumset
la batería

loud speaker
el parlante

gitara
la guitarra

double bass
el contrabajo

trumpeta
la trompeta

piyano

el piano

biyolin

el violín

bass

el bajo

timpani

los timbales

mga drum

el tambor

keyboard

el teclado

saksopon

el saxofón

plauta

la flauta

mikropono

el micrófono

zoo
el zoológico

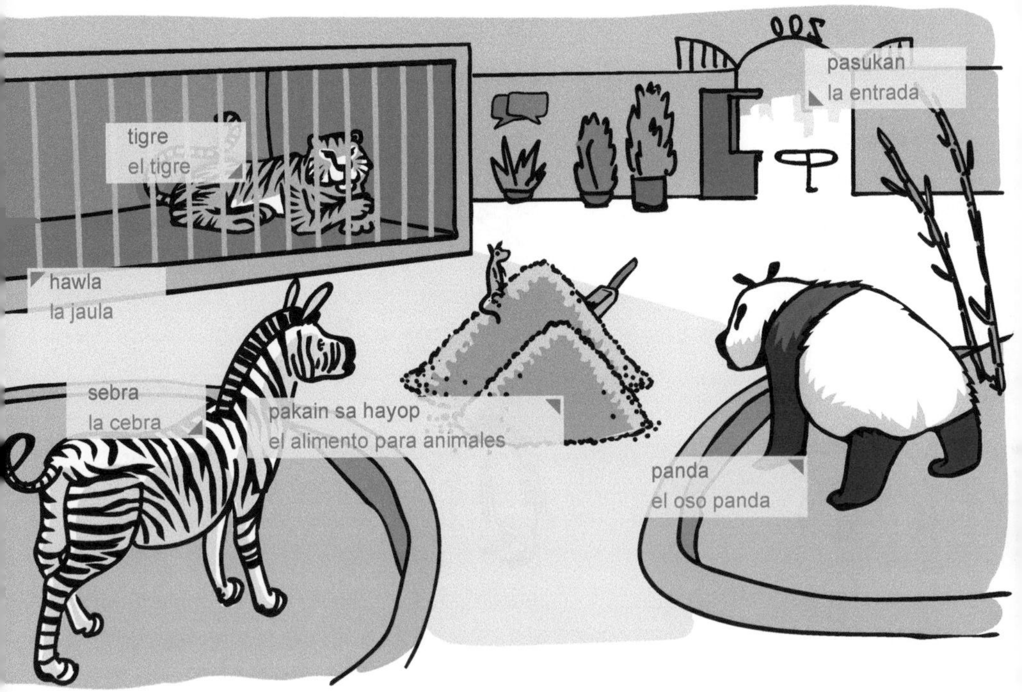

pasukan
la entrada
tigre
el tigre
hawla
la jaula
sebra
la cebra
pakain sa hayop
el alimento para animales
panda
el oso panda

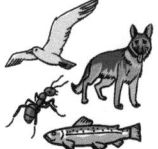

mga hayop

los animales

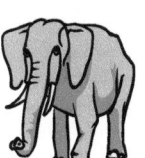

elepante

el elefante

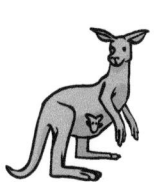

kanggaro

el canguro

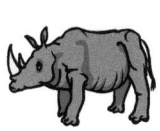

rhino

el rinoceronte

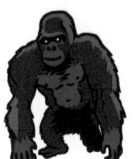

gorilya

el gorila

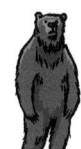

oso

el oso

kamelyo

el camello

ostrich

el avestruz

leon

el león

unggoy

el mono

flamingo

el flamenco

loro

el loro

polar bear

el oso polar

penguin

el pingüino

pating

el tiburón

paboreal

el pavo real

ahas

la serpiente

buwaya

el cocodrilo

tagapag-alaga ng zoo

el cuidador del zoológico

seal

la foca

jaguar

el jaguar

buriko

el poni

leopardo

el leopardo

hipo

el hipopótamo

dyirap

la jirafa

agila

el águila

bulugan

el jabalí

isda

el pescado

pagong

la tortuga

walrus

la morsa

soro

el zorro

gasel

la gacela

zoo - el zoológico

Amerikanong putbol
el fútbol americano

pamimisikleta
el ciclismo

tennis
el tenis

basketbol
el básquet

paglalangoy
la natación

boksing
el boxeo

ice-hockey
el hockey sobre hielo

soccer
el fútbol

badminton
el bádminton

atletiks
el atletismo

handball
el handball

skiing
el esquí

polo
el polo

mga aktibidad
las actividades

tumalon
saltar
yakapin
abrazar
tumawa
reír
lumakad
caminar
kumanta
cantar
mangarap
soñar
magdasal
rezar
halikan
besar

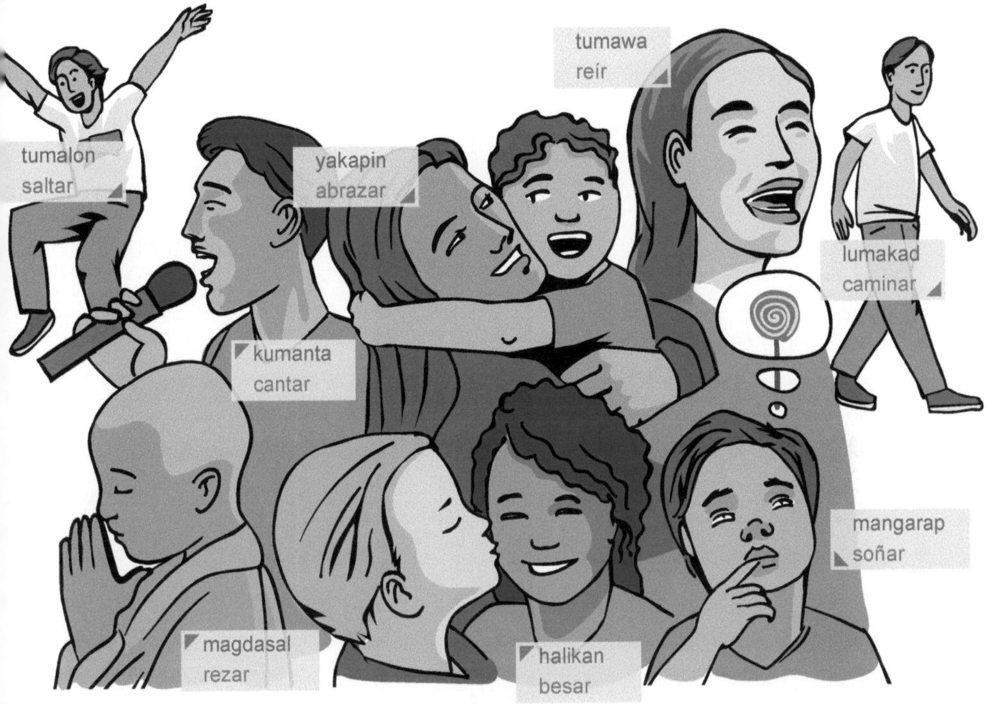

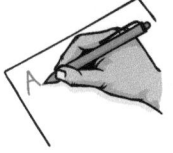

sumulat

escribir

gumuhit

dibujar

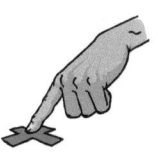

ipakita

mostrar

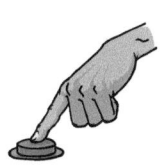

itulak

presionar

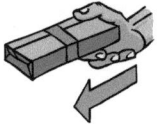

magbigay

dar

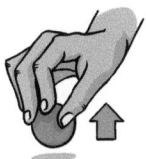

kunin

tomar

magkaroon

tener

gawin

hacer

maging

ser

tumayo

estar parado

tumakbo

correr

hilahin

tirar

itapon

tirar

malaglag

caer

mahiga

estar acostado

hintayin

esperar

dalhin

llevar

umupo

estar sentado

magbihis

vestirse

matulog

dormir

gumising

despertar

tumingin

mirar

umiyak

llorar

estilo

acariciar

magsuklay

peinar

magsalita

hablar

intindihin

entender

magtanong

preguntar

makinig

escuchar

uminom

beber

kumain

comer

linisin

ordenar

mahal

amar

magluto

cocinar

magmaneho

manejar

lumipad

volar

maglayag

navegar

kalkulahin

calcular

basahin

leer

matuto

aprender

trabaho

trabajar

pakasalan

casarse

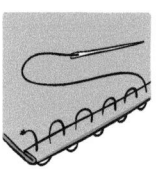

tahiin

coser

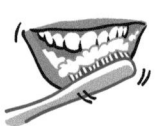

magsipilyo ng ngipin

cepillarse los dientes

patayin

matar

manigarilyo

fumar

magpadala

enviar

pamilya
la familia

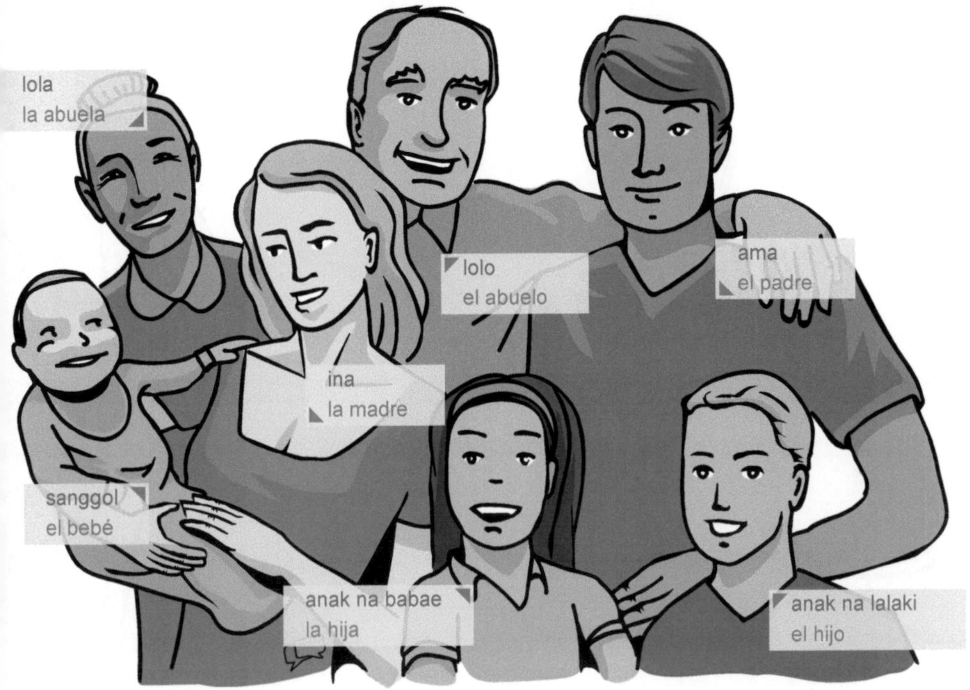
lola
la abuela
lolo
el abuelo
ama
el padre
ina
la madre
sanggol
el bebé
anak na babae
la hija
anak na lalaki
el hijo

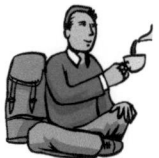

panauhin
el invitado

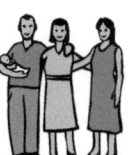

tiya
la tía

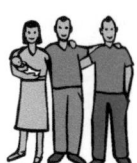

tiyo
el tío

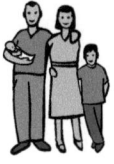

kuya
el hermano

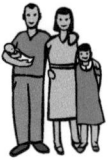

ate
la hermana

katawan

el cuerpo

noo
la frente
mata
el ojo
balikat
el hombro
daliri
el dedo
mukha
la cara
baba
la pera
kamay
la mano
binti
la pierna
suso
el pecho
bisig
el brazo

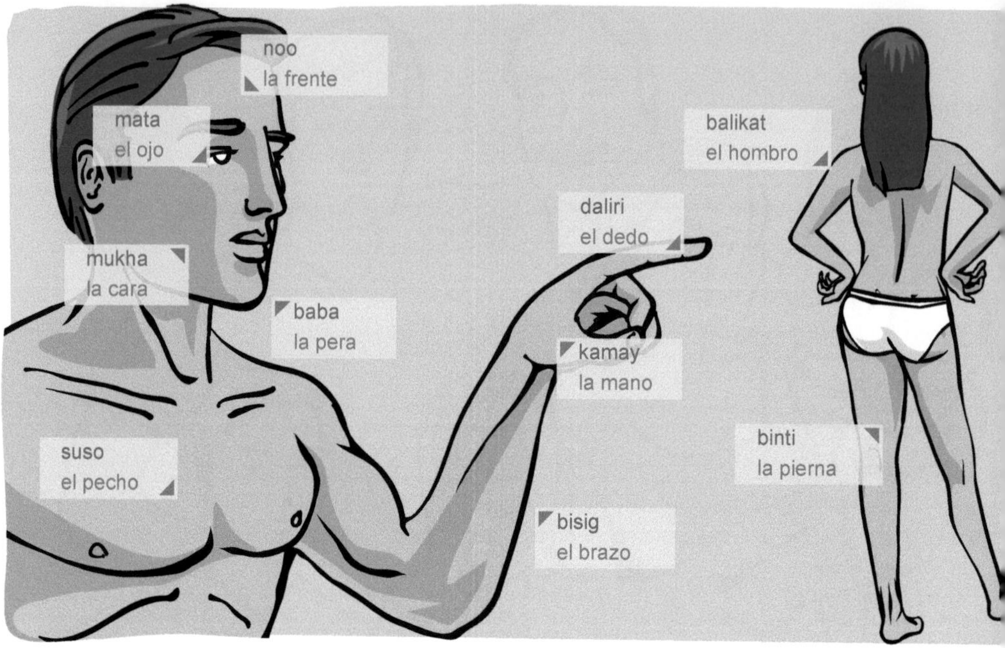

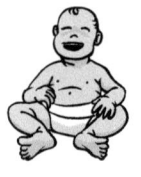

sanggol
el bebé

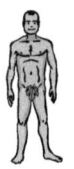

lalaki
el hombre

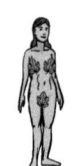

babae
la mujer

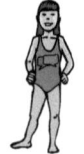

batang babae
la nena

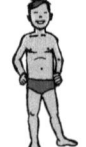

batang lalaki
el nene

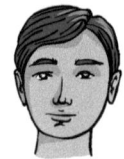

ulo
la cabeza

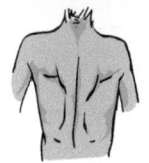

likod

la espalda

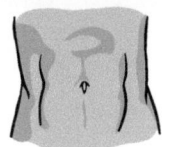

tiyan

la panza

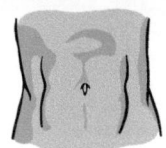

pusod

el ombligo

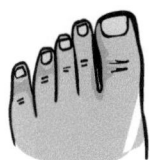

daliri ng paa

el dedo del pie

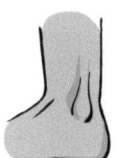

takong

el talón

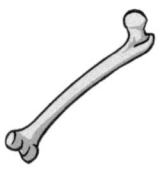

buto

el hueso

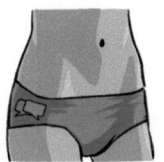

balakang

la cadera

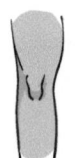

tuhod

la rodilla

siko

el codo

ilong

la nariz

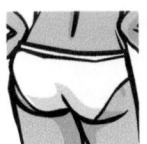

gitna

la cola

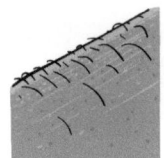

balat

la piel

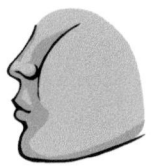

pisngi

el cachete

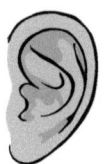

tainga

la oreja

labi

el labio

bibig

la boca

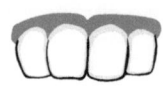

ngipin

el diente

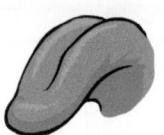

dila

la lengua

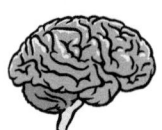

utak

el cerebro

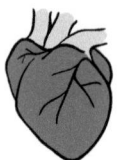

puso

el corazón

kalamnan

el músculo

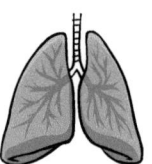

baga

el pulmón

atay

el hígado

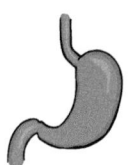

sikmura

el estómago

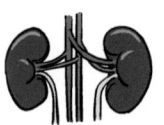

mga bato

los riñones

pagtatalik

el sexo

kondom

el preservativo

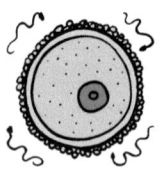

obyum

el óvulo

semen

el semen

pagbubuntis

el embarazo

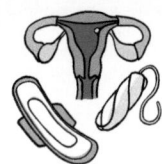

pagreregla

la menstruación

vagina

la vagina

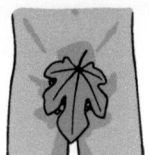

ari ng lalaki

el pene

kilay

la ceja

buhok

el pelo

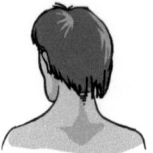

leeg

el cuello

ospital
el hospital

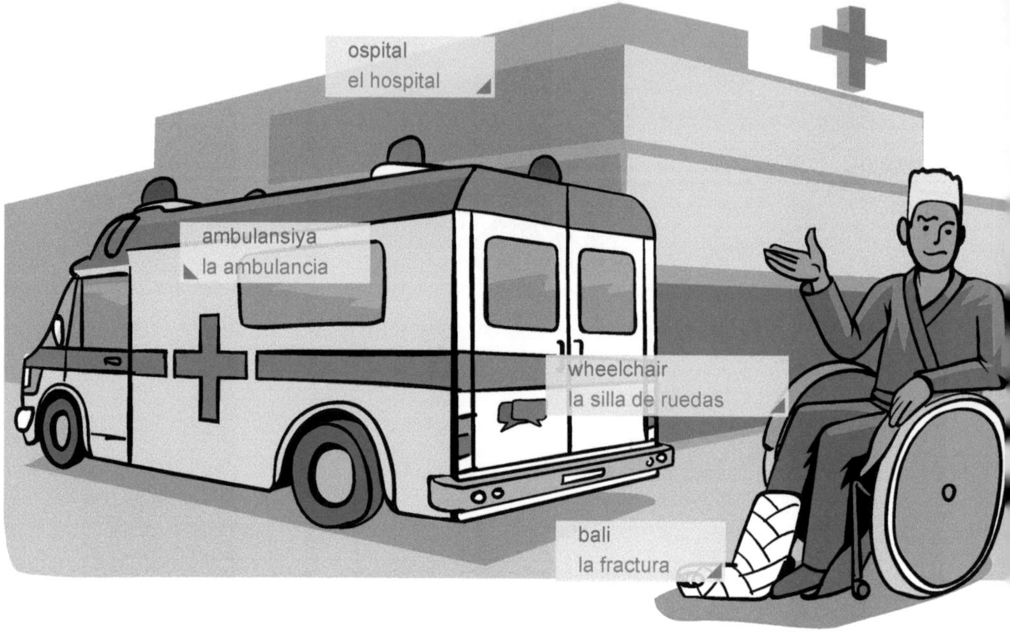

ospital
el hospital
ambulansiya
la ambulancia
wheelchair
la silla de ruedas
bali
la fractura

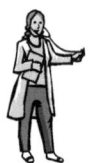

doktor

el médico

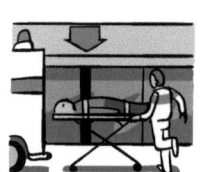

silid pang-emergency

la sala de guardia

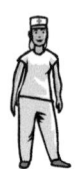

nars

la enfermera

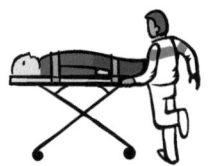

emerhensiya

la emergencia

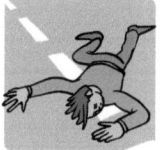

walang malay

inconsciente

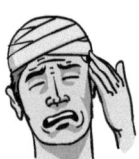

pananakit

el dolor

pinsala

la lesión

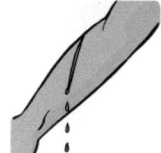

nagdurugo

la hemorragia

atake sa puso

el infarto

atake serebral

el ACV

alerdye

la alergia

ubo

la tos

lagnat

la fiebre

trangkaso

la gripe

pagdudumi

la diarrea

sakit ng ulo

el dolor de cabeza

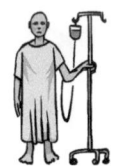

kanser

el cáncer

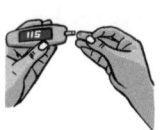

diyabetis

la diabetes

siruhano

el cirujano

iskalpel

el bisturí

operasyon

la operación

CT
la TC

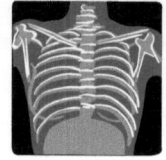

x-ray
los rayos x

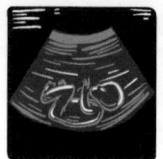

ultrasound
la ecografía

maskara sa mukha
el barbijo

sakit
la enfermedad

silid-antayan
la sala de espera

saklay
la muleta

plaster
la curita

benda
la venda

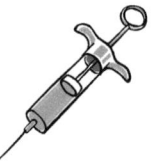

iniksyon
la inyección

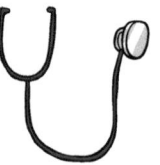

istetoskopyo
el estetoscopio

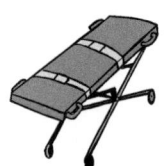

estretser
la camilla

klinikal na termometro
el termómetro

pagsilang
el nacimiento

labis sa timbang
el sobrepeso

hearing-aid
el audífono

pang-disimpekta
el desinfectante

impeksyon
la infección

bayrus
el virus

HIV / AIDS
el VIH / SIDA

medisina
el remedio

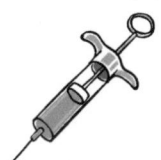

bakuna
la vacunación

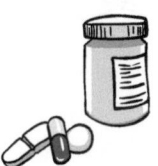

mga tableta
los comprimidos

tabletas
la pastilla anticonceptiva

emergency na tawag
llamada de emergencia

pagmamatyag sa presyon
ng dugo
el tensiómetro

may sakit / malusog
enfermo / sano

Tulong!

¡Ayuda!

alarma

la alarma

asulto

la agresión

atake

el ataque

panganib

el peligro

labasang pang-emergency

la salida de emergencia

Sunog!

¡Fuego!

fire extinguisher

el matafuego

aksidente

el accidente

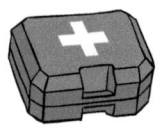

kagamitan sa paunang lunas

el botiquín de primeros auxilios

SOS

el SOS

pulis

la policía

Europa

Europa

Hilagang Amerika

América del Norte

Timog Amerika

América del Sur

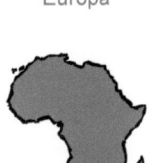

Aprika

África

Asya

Asia

Australia

Australia

Atlantika

el Atlántico

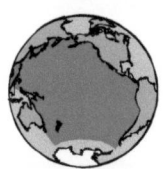

Pasipiko

el Pacífico

Dagat Indiano

el Océano Índico

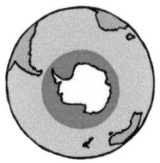

Dagat Antarktika

el Océano Antártico

Dapat Arktika

el Océano Ártico

Hilagang polo

el polo norte

Timog polo
....
el polo sur

Antartika
....
la Antártida

mundo
....
la Tierra

lupa
....
la tierra

dagat
....
el mar

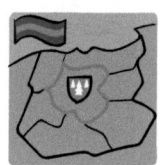

isla
....
la isla

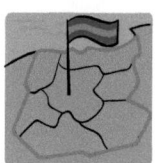

bansa
....
la nación

estado
....
el estado

mukha ng orasan

la esfera

orasang kamay

la manecilla de las horas

minutong kamay

el minutero

segundong kamay

el segundero

Anong oras na?

¿Qué hora es?

araw

el día

oras

la hora

ngayon

ahora

digital na relo

el reloj digital

minuto

el minuto

oras

la hora

linggo
la semana

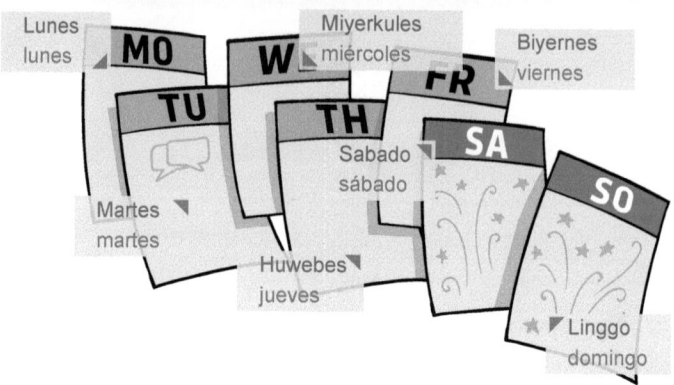

Lunes
lunes

Miyerkules
miércoles

Biyernes
viernes

Martes
martes

Sabado
sábado

Huwebes
jueves

Linggo
domingo

kahapon

ayer

ngayon

hoy

bukas

mañana

umaga

la mañana

tanghali

el mediodía

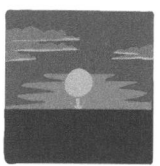

gabi

la tarde

MO	TU	WE	TH	FR	SA	SU
1	2	3	4	5	6	7
8	9	10	11	12	13	14
15	16	17	18	19	20	21
22	23	24	25	26	27	28
29	30	31	1	2	3	4

mga araw ng negosyo

los días hábiles

MO	TU	WE	TH	FR	SA	SU
1	2	3	4	5	6	7
8	9	10	11	12	13	14
15	16	17	18	19	20	21
22	23	24	25	26	27	28
29	30	31	1	2	3	4

katapusan ng linggo

el fin de semana

taon

el año

ulan
la lluvia
bahaghari
el arco iris
niyebe
la nieve
hangin
el viento
tagsibol
la primavera
taglagas
el otoño
tag-init
el verano
taglamig
el invierno

4.APRIL 11°
5.APRIL 4°
6.APRIL 13°
7.APRIL 8°
8.APRIL 10°

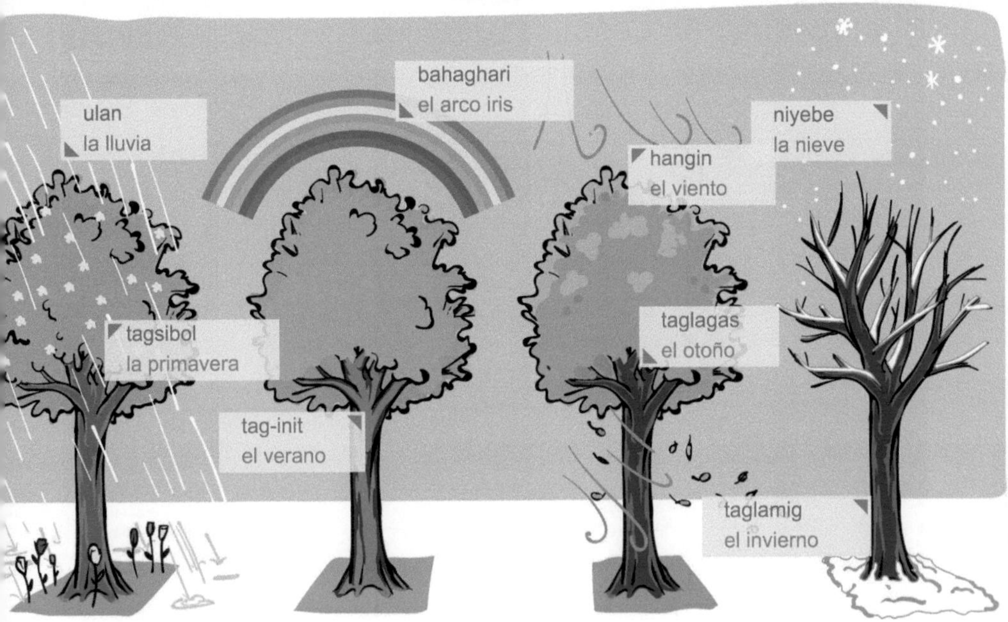

lagay ng panahon

pronóstico meteorológico

F
C
120
90
60
30
0
-30
40
30
20
10
0
-10
-20

termometro

el termómetro

sikat ng araw

la luz del sol

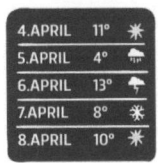

ulap

la nube

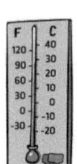

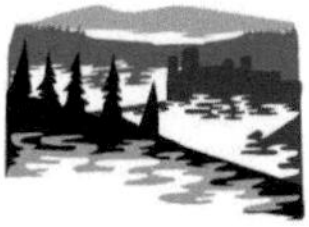

hamog

la niebla

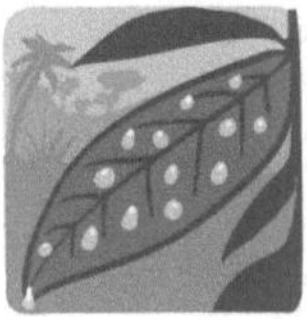

kahalumigmigan

la humedad

kidlat

el rayo

kulog

el trueno

bagyo

la tormenta

may yelong ulan

el granizo

tag-ulan

el monzón

pagkain

la inundación

yelo

el hielo

Enero

enero

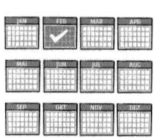

Pebrero

febrero

Marso

marzo

Abril

abril

Mayo

mayo

Hunyo

junio

Hulyo

julio

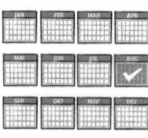

Agosto

agosto

Setyembre

septiembre

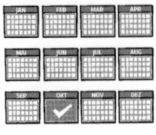

Oktubre

octubre

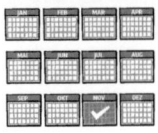

Nobyembre

noviembre

Disyembre

diciembre

mga hugis
las formas

bilog

el círculo

parisukat

el cuadrado

rektanggulo

el rectángulo

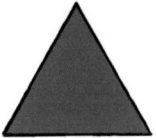

tatsulok

el triángulo

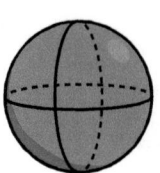

pabilog

la esfera

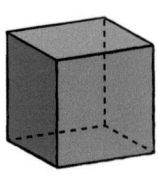

kyub

el cubo

puti

blanco

dilaw

amarillo

kahel

naranja

rosas

rosa

pula

rojo

ube

violeta

asul

azul

berde

verde

brown

marrón

grey

gris

itim

negro

marami / kakaunti

mucho / poco

takot / kalmado

enojado / tranquilo

maganda / pangit

lindo / feo

simula / katapusan

el principio / el fin

malaki / maliit

grande / chico

matingkad / madilim

claro / oscuro

kuya / ate

el hermano / la hermana

malinis / madumi

limpio / sucio

kumpleto / kulang

completo / incompleto

araw / gabi

el día / la noche

patay / buhay

muerto / vivo

malawak / makipot

ancho / angosto

nakakain / hindi nakakain

comestible / no comestible

masama / mabuti

malo / amable

nakakatuwa / nakakainip

entusiasmado / aburrido

mataba / payat

gordo / flaco

una / huli

primero / último

kaibigan / kaaway

el amigo / el enemigo

puno / walang laman

lleno / vacío

matigas / malambot

duro / blando

mabigat / magaan

pesado / liviano

gutom / uhaw

el hambre / la sed

may sakit / malusog

enfermo / sano

ilegal / legal

ilegal / legal

matalino / tanga

inteligente / estúpido

kaliwa / kanan

izquierda / derecha

malapit / malayo

cerca / lejos

bago /gamit na

nuevo / usado

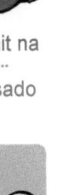

wala /mayroon

nada / algo

matanda / bata

viejo / joven

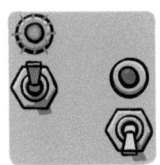

naka-on / naka-off

encendido / apagado

bukas / sarado

abierto / cerrado

tahimik / maingay

silencioso / ruidoso

mayaman / mahirap

rico / pobre

tama / mali

correcto / incorrecto

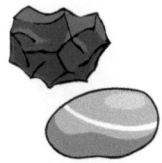

magaspang / makinis

áspero / suave

malungkot / masaya

triste / contento

maikli / mahaba

corto / largo

mabagal / mabilis

lento / rápido

basa / tuyo

mojado / seco

maligamgam / malamig

caliente / frío

digmaan / kapayapaan

guerra / paz

magkasalungat - los opuestos

0

sero

cero

1

isa

uno

2

dalawa

dos

3

tatlo

tres

4

apat

cuatro

5

lima

cinco

6

anim

seis

7

pito

siete

8

walo

ocho

9

siyam

nueve

10

sampu

diez

11

labing-isa

once

12

labindalawa

doce

13

labintatlo

trece

14

labing-apat

catorce

15

labinlima

quince

16

labing-anim

dieciséis

17

labimpito

diecisiete

18

labing-walo

dieciocho

19

labinsiyam

diecinueve

20

dalawampu

veinte

100

daan

cien

1.000

libo

mil

1.000.000

milyon

el millón

Ingles

el inglés

Amerikan na Ingles

el inglés americano

Tsinong Mandarin

el chino mandarín

Hindi

el hindi

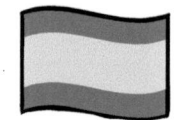

Espanyol

el español

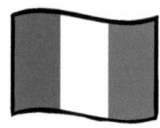

Pranses

el francés

Arabe

el árabe

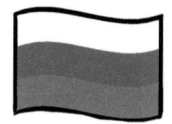

Ruso

el ruso

Portuges

el portugués

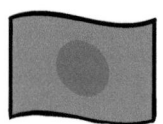

Bengali

el bengalí

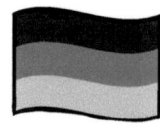

Aleman

el alemán

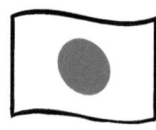

Hapon

el japonés

ako

yo

ikaw

vos

siya / siya / ito

él / ella

kami

nosotros

ikaw

ustedes

sila

ellos

sino?

¿quién?

ano?

¿qué?

paano?

¿cómo?

saan?

¿dónde?

kailangan?

¿cuándo?

HELLO, I AM

pangalan

el nombre

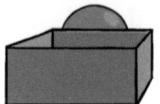

likuran

detrás

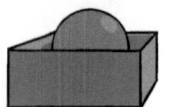

saan

en

sa harap ng

adelante de

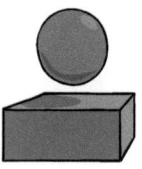

itaas

por encima de

sa

sobre

ilalim

debajo de

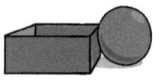

katabi

al lado de

pagitan

entre

lugar

el lugar